椅子に座ってできる シニアの 1,2分間 筋トレ体操55

斎藤道雄 著

黎明書房

はじめに

シニアは楽しくなければやらない

この本は,
「シニアの方が楽しんで体操する」ための本です。

もう少し詳しく説明すると,

介護施設などの現場スタッフの方が,

体操やレクリエーションをするときに,

もっとかんたんに，もっともっと楽しんでする。

そのための本です。

では，どうすればよいか？

「ただ，からだを動かせばいいんじゃないの？」

それが，そうではないのです！

そう思ってやって，失敗してきたのが，何を隠そうこのぼくですから。

理由は，かんたん。

シニアの方は，楽しくなければやりません。

逆に，楽しければやる！

年をとればとるほど特に。です。

それがわかってから，**ぼくが目指すのは，
「からだを動かす」から「楽しませる」に変わりました。**

「シニア楽しませるなんて，むずかしそう」

そんな方にこそ，この本はオススメです！

あるんです！

誰にでもかんたんにできる方法が。それは，

自分が楽しむことです。

「楽しませる」より「楽しむ」

それなら，カンタンでしょ！

この本には，
ぼくの「楽しく体操するための」ノウハウをぎゅっと詰め込みました。

少しでも，楽しんでもらえたら，最高に幸せです！

それでは，楽しんでする体操の本。

よーい，スタート！

この本の特長と使い方

◆1，2分でできる

一つひとつの体操が，短時間ですぐにできます。

◆超カンタンにできる！

シニアにかんたんな動きばかりです。むずかしい動きをなくしました。

◆準備がいらない！

運動器具などの道具を一切使いません。

◆椅子に腰かけたままできる！

立ったり，床に寝転んだりしません。

◆実際の言い方がわかる！

たとえば，「声を出して」より「口をあけて」と言う方が声が出ます。
実際に，どんな言い方をしたらよいのかが，具体的にわかります。

◆スタッフのおススメテク！　がわかる

体操のやり方だけでなく，すぐに現場で役立つテクニックがわかります。
「こう言ってください！」「こうすると楽しいです！」「こんなのもアリです！」「こうするとカンタンです」などなど。

◆こんな体力（力）がつく！

　よい姿勢を保つ力がつく，歩く力がつく，立ち上がる力つく，指の力がつく，腕の力がつく，ほか。

こう使って！

1　もくじから，「おもに上半身を動かす体操」と「おもに下半身を動かす体操」のどちらかを選びます。

2　体操を選んだら，イラストを見て，Let's try！　を読みます。

3　「スタッフの方におススメテク！」を読んで実践で，試します。

最後に一言！
ぜひ，楽しんでやってください！

もくじ

はじめに　−シニアは楽しくなければやらない−　2
この本の特長と使い方　4
こう使って！　5

I　おもに上半身を動かす体操

1　ＯＫサイン　9
2　あーーー！　10
3　あげてさげて　11
4　ウエーブ！　12
5　祈りのポーズ　13
6　爆笑体操　14
7　おむすび！　15
8　おやゆびっ！　16
9　山のポーズ　17
10　クスリのおじぎ　18
11　肩落とし　19
12　ぞうきんしぼり　20

13　じびきあみ　21
14　にぎったらひらいて　22
15　ニョロニョロ…　23
16　もしもし体操　24
17　モリモリポーズ！　25
18　ヤッホー！　26
19　やわらか肩甲骨　27
20　わかめ体操　28
21　超おじぎ！　29
22　雪かき体操　30
23　横向いて！　31
24　つっぱり体操　32
25　ゴシゴシ！　33
26　胸張って 1　34
27　胸張って 2　35
28　うえしたそと　36
29　空手チョップ！　37
30　最強のポーズ！　38
31　大きな拍手　39
32　手のひら返し　40
33　上から下から　41
34　へそヂカラ 1　42
35　へそヂカラ 2　43
36　大腕振って！　44

こうして健康になった①　　おススメの体操, イチオシ　45

Ⅱ　おもに下半身を動かす体操

37　拍手で足ぶみ　46
38　ペンギン歩き　47
39　ひざ出し体操　48
40　足首伸ばし　49
41　押し出し体操　50
42　ドーンと構えて！　51
43　ひらいてパン！　52
44　ひざかかえ　53
45　スキップ　54
46　押し合いっこ　55
47　ヒップウオーク！　56
48　最高の足ぶみ！　57
49　カラダでグーパー　58
50　一本足　59
51　いったりきたり　60
52　坂道歩き　61
53　グリ・グリ・グリ　62
54　足ハクシュ　63
55　足グミ　64

こうして健康になった②　　よいところ探しをする　65

おわりに　−楽しむ極意は，ありがとう！−　66

１ OKサイン

全部の指をできる限りひらいて親指と人差し指で輪をつくる体操です。

効果 指の力をつける

Let's try!

① 片手を前に出して，全部の指をひらきます。
② 指はできる限り伸ばしたまま，親指と人差し指の先をくっつけます。
③ 同じようにして，反対の手もやりましょう！（くっつける，はなすを左右４回ずつ）

スタッフの方におすすめテク！

●こう言ってください！
　スタッフの方は，「ほかの指は伸ばしたまま」より「ほかの指はできる限り伸ばしたまま」と言いましょう！
　この一言で，より指先に意識が集中します。

●こうすると楽しいです！
　「自分の中で最高にいい顔」でやりましょう！

❷ あーーー！

胸を張って，大きな口をあけて，声を出す体操です。

効果 よい姿勢を保つ力をつける

Let's try!

① 足を肩幅にひらきます。
② 胸を張って，両手を腰に置きます。
③ できる限り大きな口をあけて「あーーー！」と声を出しましょう！（4回）

スタッフの方におすすめテク！

●**こう言ってください！**

　スタッフの方は，「口をあけて」より「できる限り大きな口をあけて」と言いましょう。
　その一言で，口があき，大きな声が出るようになります。

●**こうするとスッキリします！**

　いかにも絶叫する感じで「あーーー！」。恥ずかしがらずに，思い切ってやってみましょう！

Ⅰ　おもに上半身を動かす体操

❸ あげてさげて

両手を上げたり下げたりする体操です。

効果　よい姿勢を保つ力をつける

Let's try!

①　足を肩幅にひらいて，胸を張ります。
②　手のひらを上にして，両手を下から頭の上にそうっと持ち上げます。
③　今度は，手のひらを下にして，両手を頭の上から下にそうっと下げます。
（4回）

スタッフの方におすすめテク！

●こう言ってください！
　スタッフの方は，「持ち上げます」よりも「そうっと持ち上げます」と言いましょう。
　この一言で，動作がゆっくりとていねいになり，けがの予防にもなります。

●こうすると楽しいです！
　元気に声を出して，「いち，にい，さん，しい」で持ち上げて，「ごお，ろく，しち，はち」で下げると，楽しくできます。

11

④ ウエーブ！

両手を上にあげて左右に動かす体操です。

効果　よい姿勢を保つ力をつける

Let's try!

① 両手を頭の上にあげて，横（右）に動かします。
② そこから両手を反対（左）に動かします。
③ おおきく，ゆっくりと，ていねいに，動かしましょう。（左右8往復）

スタッフの方におすすめテク！

●こう言ってください！
スタッフの方は，「ゆっくりと，ていねいに」と言いましょう。
この一言で，動きがていねいになります。けがの予防になります。

●こうすると楽しいです！
「自分の中で最高の笑顔」でやりましょう！

Ⅰ　おもに上半身を動かす体操

❺ 祈りのポーズ

胸の前で指を組んでお祈りのポーズをする体操です。

効果　指の力をつける

Let's try!

① 両手を前に出します。
② 胸の前で手と手を合わせて，指を組みます。
③ 先ほど，上だった親指が下になるようにして指を組み替えましょう。（4回ずつ）

スタッフの方におすすめテク！

●こう言ってください！

　スタッフの方は，シニアの方といっしょに，指を組んで8つ声を出してかぞえましょう。
　声を出すことで，指先にも力が入るようになります。

●こんなのもアリです！

　目を閉じてすると，より集中力がアップします。

❻ 爆笑体操

できる限り大きな口をあけて，声を出して笑う体操です。

効果　　よい姿勢を保つ力をつける

Let's try!

① 足を肩幅にひらいて，両手を腰に置きます。
② 胸を張って，「ワハハ」と声を出して笑いましょう！
③ できる限り大きな口をあけてやりましょう！（ワハハ×4回）

スタッフの方におすすめテク！

●**こう言ってください！**

　スタッフの方は，「口をあけて」よりも「できる限り大きな口をあけて」と言いましょう。
　この一言で，より声が出るようになります。

●**こうすると楽しいです！**

　「自分の中で最高の笑顔」でやりましょう！

I　おもに上半身を動かす体操

7 おむすび！

両手でおむすびをにぎるマネをする体操です。

効果　指の力をつける

Let's try!

① 両手を前に出します。
② 胸の前で，おむすびをにぎるマネをします。
③ 「ギュッ・ギュッ・ギュッ……」と，声を出してやりましょう！（ギュッ×8回）

スタッフの方におすすめテク！

●**こう言ってください！**

　スタッフの方は，シニアの方といっしょに「ギュッ・ギュッ・ギュッ……」と元気に声を出しましょう。

　声を出すことで，より指先にも力が入ります。

●**こうすると楽しいです！**

　「ギュッ・ギュッ・ギュッ……」の言い方を速くします。
軽快で軽やかなリズムになります。

　（反対に，遅くすると，ゆっくりとていねいな感じになります）

❽ おやゆびっ！

手を軽く握って，親指と小指を交互に出す体操です。

効果　指の力をつける

Let's try!

① 「おやゆびっ！」と言いながら，（両手の）親指を出します。
② 「こゆびっ！」と言いながら，（親指を戻して）小指を出します。
③ 声に出して，4回繰り返しましょう。

スタッフの方におすすめテク！

●こう言ってください！
　「おやゆび，こゆび」より，「おやゆびっ！こゆびっ！」と言いましょう！強く声に出すことで，指先に力が入ります。

●こうすると盛り上がります！
　全員でいっしょに，元気に声を出すと，全体のムードが最高に盛り上がります。

Ⅰ　おもに上半身を動かす体操

❾ 山のポーズ

腕を伸ばして，頭の上で両手を合わせる体操です。

効果　よい姿勢を保つ力をつける

Let's try!

① 足を肩幅にひらき，胸を張ります。
② ひじを伸ばして，両手を頭の上で合わせます。
③ そのままのかっこうで，8つ声を出してかぞえましょう！（4回）

スタッフの方におすすめテク！

●**こう言ってください！**
　スタッフの方は，「腕を伸ばして」より「ひじを伸ばして」と言いましょう。その一言で，意識が一点に集中します。

●**こうすると安心です！**
　むずかしい（ひじが伸びない）場合は，「無理をしないで」「できるぶんだけ」と声をかけてください。

⑩ クスリのおじぎ

全部の指をできる限り伸ばして，くすり指だけ曲げる体操です。

効果　指の力をつける

Let's try!

① 片手を前に出して，指をひらきます。
② ほかの指はできる限り伸ばしたままで，くすり指をできる限り曲げます。
③ そのままの状態で，8つかぞえましょう！（左右4回ずつ）

スタッフの方におすすめテク！

●こう言ってください！

スタッフの方は，「くすり指を曲げます」より「くすり指をできる限り曲げます」と言いましょう。

この一言で，より指先に意識が集中します。

●こうすると安心です！

うまくできない人には，「あまり指は気にしないで」「気持ちの方が大事ですよ」と声をかけてください。

Ⅰ　おもに上半身を動かす体操

⑪ 肩落とし

肩を上に持ち上げて，一気にストンと落とす体操です。

効果　よい姿勢を保つ力をつける

Let's try!

① 胸を張って，両手を体の横にします。
② 肩を上に持ち上げながら，「ぎゅうー！」と力強い声を出します。
③ 「ストン」と声を出しながら，一気に肩を落としましょう！（4回）

スタッフの方におすすめテク！

●**こう言ってください！**
　スタッフの方は，「ぎゅうー！」を強めに，「ストン」は弱めに言いましょう。言葉に強弱をつけることで，肩の力も「ストン」と抜けます。

●**こうするとスッキリします！**
　「自分の中で最高の笑顔」でやりましょう！

⑫ ぞうきんしぼり

両手を握って，ぞうきんをしぼるマネをする体操です。

効果 指の力をつける

Let's try!

① はじめに，両手を前に出して握ります。
② 次に，両手を使って，ぞうきんをしぼるマネをします。
③ 「ギュウー!!」と力強い声を出してやりましょう！
（ギュウー!!×4回）

スタッフの方におすすめテク！

●こう言ってください！
　スタッフの方は，シニアの方といっしょに，「ギュウー!!」と力強い声を出してやりましょう！
　声を出すことで，より握る力がパワーアップします。

●こうすると楽しいです！
　「ギュウー!!」のときに，力を入れている顔をすると，とても楽しいです。

Ⅰ　おもに上半身を動かす体操

⑬ じびきあみ

両足でしっかり踏ん張って地引網を引っ張るマネをする体操です。

効果　腕の力をつける

Let's try!

① 片足を一歩前に出して，両足をしっかりとふんばります。
② 両手を前に出して，からだの遠くから近くに引き寄せます。
③ 「よいしょ!!」と元気に声を出してやりましょう！（よいしょ!!×8回）

スタッフの方におすすめテク！

●こう言ってください！
　スタッフの方は，シニアの方といっしょに，「よいしょ!!」と元気に声を出しましょう。
　声を出すことで，パワーアップします。

●こうすると楽しいです！
　いかにも，地引網を引っ張っているような感じで，大げさにすると楽しいです。

14 にぎったらひらいて

片手をにぎったら反対の手はひらく体操です。

効果 指の力をつける

Let's try!

① はじめに，片手はにぎって（グーにして），反対の手はひらきます（パーにする）。
② 次に，にぎってる手をひらいて（パーにして），ひらいてる手をにぎります（グーにする）。（全部で8回）
③ 両手が同じにならないように注意してやりましょう！

スタッフの方におすすめテク！

●**こう言ってください！**
　スタッフの方は，「両手が同じにならないように」と言いましょう。
　この一言で，よりやり方がわかりやすくなります。

●**こうすると楽しいです！**
　ちょっと速めに，さらに速めに，猛スピードで。スピードアップしてみましょう！

Ⅰ　おもに上半身を動かす体操

⑮ ニョロニョロ…

両手を胸の前で合わせて指を曲げたり反らしたりする体操です。

効果　指の力をつける

Let's try!

① はじめに，胸の前で手を合わせて，両手の指と指をピッタリ合わせます。
② 次に，右手で左手を押して，左手の指を後ろに反らします。
③ 同じようにして，反対もやりましょう！（8往復）

スタッフの方におすすめテク！

●こう言ってください！
　スタッフの方は，「両手を合わせる」より「指と指をピッタリ合わせる」と言いましょう。
　この一言で，より指に意識が集中します。

●こうすると楽しいです！
　スタッフの方は，シニアの方といっしょに，「ニョロニョロ……」と元気に声を出してやりましょう！

⑯ もしもし体操

軽く手を握って親指と小指をできる限り伸ばす体操です。

効果　指の力をつける

Let's try!

① 片手を軽く握ります。
② ほかの指はそのままで，親指と小指をできる限り伸ばします。
③ 手を耳にあてて，「もしもーし」と元気に声を出してやりましょう！（左右4回ずつ）

スタッフの方におすすめテク！

●こう言ってください！

　スタッフの方は，「伸ばします」より「できる限り伸ばします」と言いましょう。
　この一言で，より意識が指先に集中します。

●こうすると楽しいです！

　スタッフの方は，シニアの方といっしょに，「もしもーし」と元気に声を出しましょう。

Ⅰ　おもに上半身を動かす体操

⑰ モリモリポーズ！

両手を握ってひじを直角に曲げてモリモリと元気に声を出す体操です。

効果　指の力をつける

Let's try!

① 足を肩幅にひらきます。
② 両手をにぎって，ひじを直角に曲げます。
③ 「モリモリ！」と元気に声を出して，モリモリポーズをしましょう！
　（4回）

スタッフの方におすすめテク！

●こう言ってください！
　スタッフの方は，シニアの方といっしょに，「モリモリ！」と元気に声を出しましょう。
　声を出すことで，より手や腕にも力が入ります。

●こうすると楽しいです！
　「自分の中で最高にいい顔」でやりましょう！

⑱ ヤッホー！

胸を張って「ヤッホー」と元気に声を出す体操です。

効果 よい姿勢を保つ力をつける

Let's try!

① 足を肩幅にひらいて，胸を張ります。
② 両手を口に持っていきます。
③ 「ヤッホー！」と元気に声を出しましょう。（4回）

スタッフの方におすすめテク！

●こう言ってください！
　スタッフの方は，シニアの方といっしょに，「ヤッホー」と元気に声を出しましょう。
　大きな声を出すと，気持ちもスッキリします。

●こうするといいです！
　できる限り口を大きくあけてやりましょう！

⑲ やわらか肩甲骨

ひじを後ろに引いて，肩甲骨を寄せる体操です。

効果 よい姿勢を保つ力をつける

Let's try!

① 軽く手を握って，ひじを直角に曲げます。
② ひじと肩をそうっと後ろへ引いていきます。
③ 肩甲骨を寄せるイメージを持ってやりましょう！

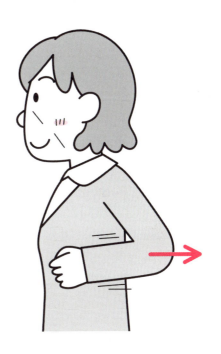

スタッフの方におすすめテク！

●こう言ってください！
　スタッフの方は，「ひじを引きます」より「ひじと肩を引きます」と言いましょう。
　この一言で，肩の動きを意識するようになります。

●こうすると楽しいです！
　「自分の中で最高にスッキリした顔」でやりましょう！

⑳ わかめ体操

背筋を伸ばして，上体を左右にゆらす体操です。

効果　よい姿勢を保つ力をつける

Let's try!

① 　足を肩幅にひらき，背筋をピンと伸ばします。
② 　両腕を体の横で，腕をだら～んとします。
③ 　そのままの姿勢で，上体を左右にゆらしましょう！（左右4往復）

スタッフの方におすすめテク！

●こう言ってください！
　スタッフの方は，「腕の力を抜きます」より「腕をだら～んとします」と言いましょう。
　この一言で，自然に腕の力が抜けます。

●こうすると安心です！
　足を肩幅にひらいておくことで，転倒予防になります。

㉑ 超おじぎ！

足とひざを閉じて，背筋を伸ばしておじぎする体操です。

効果　よい姿勢を保つ力をつける

Let's try!

① 足とひざを閉じて両手をひざに置きます。
② 背筋をピンと伸ばします。
③ そのままの姿勢でゆっくりとていねいにおじぎをしましょう！（4回）

スタッフの方におすすめテク！

●こう言ってください！
　スタッフの方は，「足を閉じて」より「足とひざを閉じて」と言いましょう！
　この一言で，ひざの動きを意識するようになります。

●こうするとカンタンです！
　「いち，にい，さん，しい」と言いながらおじぎして，「ごお，ろく，しち，はち」と言いながら元に戻しましょう。

㉒ 雪かき体操

片足を前に出して，雪かきのマネをする体操です。

効果　腕の力をつける

Let's try!

① 片足を前に出して，両足でしっかりとふんばります。
② スコップを持つイメージで，雪かきをするマネをします。
③ 「よいしょ！」と元気に声を出してやりましょう！（8回）

スタッフの方におすすめテク！

●こう言ってください！

　スタッフの方は，シニアの方といっしょに，「よいしょ！」と言いましょう！
　声を出すと，より元気が出ます。

●こうすると安全です！

　両足でしっかりとふんばることで，けが（転倒）の予防になります。

Ⅰ　おもに上半身を動かす体操

㉓ 横向いて！

胸を張って，胸を真横に向ける体操です。

効果　よい姿勢を保つ力をつける

Let's try!

① 足を肩幅にひらいて，両手を腰に置きます。
② 胸を張って，胸を真横に向けます。（右へ）
③ 「いち，にい，さん，しい」で横を向いて，「ごお，ろく，しち，はち」で戻しましょう！（左右4回）

スタッフの方におすすめテク！

●こう言ってください！

　スタッフの方は，「胸を横に向けます」より「胸を真横に向けます」と言いましょう。

　この一言で，動作がより具体的で明確になります。

●こうするといいです！

　スタッフの方は，シニアの方といっしょに声を出してかぞえましょう！声を出すことで，動きのリズムがよくなります。

24 つっぱり体操

手のひらを、からだの近くから遠くに押し出す体操です。

効果 腕の力をつける

Let's try!

① 足を肩幅にひらいて、両手を前に出します。
② 手のひらを、胸のところから、正面へ押し出します。
③ 腕と肩を、前に押し出す意識を持ちましょう！（8回）

スタッフの方におすすめテク！

●こう言ってください！

スタッフの方は、「腕と肩を前に押し出す」と言いましょう。
この一言で、腕全体を使って押し出す動きになります。

●こんなのもアリです！

片方ずつ、交互にしてもオッケーです。（右手を出して戻したら、左手を出して戻す）

25 ゴシゴシ！

タオルで背中をゴシゴシ洗うマネをする，笑う体操です。

効果　よい姿勢を保つ力をつける

Let's try!

① 足を腰幅にひらきます。
② 胸を張ります。
③ タオルで背中をゴシゴシ洗うマネをします。（ゴシゴシ×8回）

スタッフの方におすすめテク！

●こう言ってください！

　スタッフの方は，シニアの方といっしょに，「ゴシゴシ……」と声を出してしましょう。
　声を出すことで，気分が明るくなります。

●こんなのもアリです！

　上下の手を変えて（上の手を下に，下の手を上に）してもオッケーです。

26 胸張って 1

両手を後ろで組んで胸を張る体操です。

効果　よい姿勢を保つ力をつける

Let's try!

① 足を肩幅にひらきます。
② 両手を後ろで両手を組んで胸を張ります。
③ 胸を前に突き出すようにしてやりましょう！（全部で4回）

スタッフの方におすすめテク！

●こう言ってください！
　スタッフの方は，より「胸を前に突き出す」と言いましょう。この一言で，動作のイメージがより明確になります。

●こうするとスッキリします！
　「自分の中で，最高にいい顔」をしてください！

I　おもに上半身を動かす体操

㉗ 胸張って 2

両手をひろげて胸を張る体操です。

効果　よい姿勢を保つ力をつける

Let's try!

① 足を肩幅にひらきます。
② 両手をひろげて胸を張ります。
③ 胸を前に突き出すようにして
やりましょう！（全部で4回）

スタッフの方におすすめテク！

●こう言ってください！
　スタッフの方は，より「胸を前に突き出す」と言いましょう。
　この一言で，より胸がひらくようになります。

●こうするとスッキリします！
　「自分の中で，最高にいい顔」をしてください！

㉘ うえしたそと

両手を前に伸ばして，手のひらを上，下，外に向ける体操です。

効果 腕の力をつける

Let's try!

① はじめに，両手を前に伸ばして，手のひらを上にします。
② 次に，手のひらを下に向けます。
③ そして，手のひらを外に向けます。（上→下→外の順で4回）

スタッフの方におすすめテク！

●こう言ってください！
　スタッフの方は，シニアの方といっしょに，「うえ，した，そと」と，声を出してやりましょう！
　言葉にすることで，動きのイメージがはっきりします。

●こうすると効きます！
　胸を張ってすると，より運動効果が上がります。

Ⅰ　おもに上半身を動かす体操

㉙ 空手チョップ！

片手を頭の上に持ち上げて，手のひらを上から下に振り下ろす体操です。

効果　腕の力をつける

Let's try!

① 　片手を上に持ち上げます。
② 　手のひらを頭の上から真下に手を振り下ろします。
③ 　「エイ！」と元気に声を出してやりましょう（4回）

スタッフの方におすすめテク！

●こう言ってください！
　スタッフの方は，「上から下へ」より「頭の上から真下へ」と言いましょう。この一言で，動きのイメージがハッキリします。

●こうすると楽しいです！
　「気合の入った顔」をしてやりましょう！

㉚ 最強のポーズ！

両手を握って真下にさげて，胸を張る体操です。

効果 よい姿勢を保つ力をつける

Let's try!

① 足を肩幅にひらきます。
② 両手を握って体の横に置きます。
③ 胸を前に突き出すようにして，胸を張りましょう！（4回）

スタッフの方におすすめテク！

●こう言ってください！

スタッフの方は，「胸を前に突き出す」と言いましょう。
この一言で，より姿勢がよくなります。

●こうすると楽しいです！

「自分の中で，最高にいい顔」をしてください！

Ⅰ　おもに上半身を動かす体操

㉛ 大きな拍手

胸を張って両手をひろげて，頭の上で手をたたく体操です。

効果　　よい姿勢を保つ力をつける

Let's try!

① 足を肩幅にひらきます。
② 胸を前に突き出すようにして，胸を張ります。
③ 両手をひろげて，頭の上で手をたたきましょう！（8回）

スタッフの方におすすめテク！

●こう言ってください！
　スタッフの方は，「胸を前に突き出す」と言いましょう！
　この一言で，動作のイメージがハッキリします。

●こうすると楽しいです！
　「自分の中で一番の笑顔」でやりましょう！

32 手のひら返し

手を前に伸ばして、指先を下に向ける体操です。

効果 指の力をつける

Let's try!

① 片手を前に伸ばして、手のひらを上にします。
② 全部の指をできる限りいっぱいにひらきます。
③ 手のひらを前に見せるようにして、手首を曲げましょう！
（左右4回ずつ）

スタッフの方におすすめテク！

●**こう言ってください！**

スタッフの方は、「指をひらきます」より「全部の指をいっぱいにひらきます」と言いましょう。

この一言で、より指先に意識が集中します。

●**こんなのもアリです！**

「いち、にい、さん、しい」で手首を曲げて、「ごお、ろく、しち、はち」で戻します。

㉝ 上から下から

両手を合わせて，上と下に押し合う体操です。

効果　腕の力をつける

Let's try!

① 両手を胸の前で合わせます。
② 片手が上で反対の手が下になるようにします。
③ 下の手は上へ，上の手は下へ，手と手を押し合いましょう。その状態で８つかぞえます。（4回）

スタッフの方におすすめテク！

●こう言ってください！

スタッフの方は，シニアの方といっしょに，元気に声を出して，８つかぞえましょう。

元気に声を出すことで，より手に力が入ります。

●こんなのもアリです！

上下の手を反対にしてやってみましょう！

34 へそヂカラ 1

背筋をピンと伸ばして，おへそに力を入れる体操です。

効果 よい姿勢を保つ力をつける

Let's try!

① 背筋を伸ばして，おへそにぐっと力を入れます。
② そうっと，力をゆるめます。
③ 息を止めずに，呼吸をしながら，4回繰り返します。

スタッフの方におすすめテク！

●こう言ってください！
　スタッフの方は，「おなかに力を入れます」より「おへそに力を入れます」と言いましょう。
　この一言で，そこに（身体の一点に）力が集中します。

●こんなのもアリです！
　目を閉じてすると，さらに集中力がアップします。

Ⅰ　おもに上半身を動かす体操

35 へそヂカラ 2

両手をおへそに置いて，おへそと手で押し合う体操です。

効果　よい姿勢を保つ力をつける

Let's try!

① 胸を張って，両手をおへそに置きます。
② 両手とおへそに力を入れて押し合います。
③ そうっと力をゆるめます。
（4回）

スタッフの方におすすめテク！

●こう言ってください！
　スタッフの方は，「両手をおなかに置きます」より「両手をおへそに置きます」と言いましょう。
　この一言で，おへそ（一点）に力が集中します。

●こんなのもアリです！
　目を閉じてすると，さらに集中力がアップします。

36 大腕振って！

胸を張って腕を前後に大きく振る体操です

効果 よい姿勢を保つ力をつける

Let's try!

① 胸を張ります。
② 手を軽く握って，腕を前後に大きく振ります。
③ ひじを前に出したり，後ろに引いたりするようにしてやりましょう！

スタッフの方におすすめテク！

●こう言ってください！
　スタッフの方は，「ひじを前に出したり，後ろに引いたりする」と言いましょう。
　この一言で，腕の振りがより大きくなります。

●こうすると楽しいです！
　かなり大げさな感じで，超スローモーションで腕を振ってみましょう！

こうして健康になった①　おススメの体操，イチオシ

「おススメの体操をひとつだけ教えて」

と言われれば，自信を持ってこうこたえます。

「胸を張ってください」

どうして胸を張るとよいのか？

姿勢がよくなります。
そして，悪い姿勢になるのを予防します。
ずっと悪い姿勢のままでいると，本当に悪い姿勢になります。
だから，**一瞬でも，胸を張るのは，悪い姿勢の予防になる**のです。

そして，なんといっても，見た目が素敵。
男性は男前に，女性は美人になります。
ぼくも，男前になりたいので，胸を張って歩いています。

さらに，メンタルにもよい影響があります。
胸を張ると，気分も，明るく元気になります。

ある女子プロゴルファーは，コーチから，「失敗したときこそ，胸を張りなさい」と教えられたそうです。

やっぱり，背中を丸めてたら，いけないんですね。
健康になりたいなら？　もうおわかりですよね。

胸を張ってください。

㊲ 拍手で足ぶみ

手をたたきながら足ぶみする体操です。

効果 歩く力をつける

Let's try!

① 両手を前に出します。
② 手をたたきながら，足ぶみします。（8歩×4回）
③ 声に出して，かぞえながらしましょう！

スタッフの方におすすめテク！

●**こう言ってください！**

　スタッフの方は，「いち，にい，さん，しい」より「いち！　にい！　さん！　しい！　……はち！」と言いましょう！
　声を出すと，元気が出ます。

●**こうすると楽しいです！**

　「自分の中で最高にいい顔」でやりましょう！

Ⅱ おもに下半身を動かす体操

㊳ ペンギン歩き

つま先をひらいて，足ぶみをする体操です。

効果 歩く力をつける

Let's try!

① 両手をひざの上に置きます。
② 足を閉じて，かかとを閉じたままでつまさきをひらきます。
③ そのままの姿勢で，足ぶみしましょう。（8歩×4回）

スタッフの方におすすめテク！

●こう言ってください！
　スタッフの方は，シニアの方といっしょに，声を出してかぞえましょう！声を出すことで，よりリズム感がよくなります。

●こうすると楽しいです！
「自分の中で最高の笑顔」でやりましょう！

㊴ ひざ出し体操

座ったままで，左右のひざを交互に前に出す体操です。

効果　歩く力をつける

Let's try!

① 背筋を伸ばして，両手をひざに置きます。
② 片方のひざを，2センチ，前に押し出します。
③ 元に戻したら，同じように反対もやりましょう！（左右8回ずつ）

←2センチ前に

スタッフの方におすすめテク！

●こう言ってください！

　スタッフの方は，「押し出します」より「2センチ，前に押し出します」と言いましょう。
　この一言で，どれくらい前なのか，より具体的にイメージできます。

●こうすると*カンタン*です！

　「まーえ」で前に，「もどす」で元に戻す。
　「まーえ，もどす。まーえ，もどす……」と言いながら，声に出してしましょう！

Ⅱ　おもに下半身を動かす体操

㊵ 足首伸ばし

片足を前に伸ばして，ひざと足首を伸ばす体操です。

効果　歩く力をつける

Let's try!

① はじめに，片足を前に伸ばします。
② 次に，その足の，ひざと足首をピンと伸ばします。
③ 8つかぞえたら，ゆっくりと元に戻します。（左右4回ずつ）

スタッフの方におすすめテク！

●こう言ってください！

　スタッフの方は，「足を伸ばします」より「ひざと足首を伸ばします」と言いましょう。
　この一言で，動きのイメージがハッキリします。

●こうするとカンタンです！

　数をかぞえるときに元気な声を出しましょう。声を出すだけで動きもよくなります。

㊶ 押し出し体操

かかとを，前に押し出したり戻したりする体操です。

効果 歩く力をつける

Let's try!

① 足を腰幅にひらいて，胸を張ります。
② 片足を前に出して，かかとを前に押し出します。
③ 足を元に戻したら，反対もやりましょう！（左右4回ずつ）

スタッフの方におすすめテク！

●こう言ってください！
　スタッフの方は，「足を前に出す」より「かかとを前に押し出す」と言いましょう。
　この一言で，足首が曲がります。（ふくらはぎがよく伸びます）

●こうすると効きます！
　かかとを前に押し出したあとに，さらに，あと，もう一押ししましょう！

II おもに下半身を動かす体操

㊷ ドーンと構えて！

足をひらいて，両足をしっかりとふんばる体操です。

効果 よい姿勢を保つ力をつける

Let's try!

① 胸を前に突き出すようにして，胸を張ります。
② 足を肩幅にひらいて，両手をひざに置きます。
③ 足の裏で床をふみつけるように，両足をふんばりましょう！そのままの姿勢で8つかぞえます。（それを全部で4回）

スタッフの方におすすめテク！

●こう言ってください！
スタッフの方は，「足の裏で床をふみつける」と言いましょう！
この一言で，足の裏に意識が集中します。

●こうすると効きます！
胸を張ってすると，運動効果が上がります。

㊸ ひらいてパン！

手と足を同時に閉じたり，ひらいたりする体操です。

効果 歩く力をつける

Let's try!

① はじめに，両手と両足をいっしょにひらきます。（ひらいて）
② 次に，手をたたきながら，いっしょに両足を閉じます。（パン）
③ 「ひらいてパン！」と元気に声を出してやりましょう！（8回）

スタッフの方におすすめテク！

●こう言ってください！
　スタッフの方は，シニアの方といっしょに，「ひらいてパン！」と声を出しましょう。
　声を出すことで，リズム感がよくなります。

●こうすると楽しいです！
　「自分の中でとびきりの笑顔」でやりましょう！

Ⅱ おもに下半身を動かす体操

44 ひざかかえ

片足を持ち上げて，両手でひざをかかえる体操です。

効果 歩く力をつける

Let's try!

① 足を腰幅にひらきます。
② 片足を持ち上げて，両手でひざをかかえます。
③ そのままの姿勢で，胸を張って，8つかぞえましょう！（左右を交互に4回ずつ）

スタッフの方におすすめテク！

●こう言ってください！
　スタッフの方は，「胸を張って」と言いましょう。
　この一言で，（胸を張ってすると）運動効果が上がります。

●こうすると安全です！
　むずかしい場合は，「無理をしないで」「できる範囲で」と安心できる言葉を掛けましょう！

㊺ スキップ

腕を前後に振りながら，2歩ずつ足ぶみをする体操です。

効果　歩く力をつける

Let's try!

① はじめに，片足で2歩足ぶみをします。
② 次に，反対の足で2歩足ぶみをします。
③ 左右交互に2歩ずつ足ぶみを繰り返しましょう！（約20秒間×2回）

スタッフの方におすすめテク！

●**こう言ってください！**

　スタッフの方は，「スキップ」より「片足で2歩足ぶみします」と言いましょう。
　この一言で，スキップの動きにつながります。

●**こうするとカンタンです！**

　スタッフの方は，「タンタン」と，手を2回ずつたたくと，シニアの方は，リズムがとりやすくなります。

Ⅱ　おもに下半身を動かす体操

㊻ 押し合いっこ

かかとをあげるのとひざを押すのとを，いっしょにする体操です。

効果　よい姿勢を保つ力をつける

Let's try!

① 足を肩幅にひらき，両手をひざに置きます。
② つまさきをつけたままでかかとを持ち上げます。それといっしょに，両手で足を下に押し付けます。
③ 手と足で押し合いっこしましょう！（8回）

スタッフの方におすすめテク！

●**こう言ってください！**
スタッフの方は，「手と足で押し合いっこ」と言いましょう。
この一言で，動作がイメージしやすくなります。

●**こうするとカンタンです！**
「ギュー」と言いながら，押し合いっこする。
「ストン」と言いながらやめる。（かかとを，おろす）
「ギュー，ストン。ギュー，ストン……」と，言葉を口に出してやりましょう！

47 ヒップウオーク！

椅子に腰かけて，おしりを上げたり下げたりする体操です。

効果　歩く力をつける

Let's try!

① 足を腰幅にひらき，両手をひざに置きます。
② どちらか片方のおしりを1センチ（ほんの少しだけ）上に持ち上げます。
③ おしりを下げたら，反対も同じようにします。（左右4回ずつ）

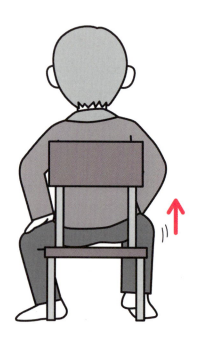

スタッフの方におすすめテク！

●こう言ってください！
　スタッフの方は，「ほんの少しだけ上に」より「1センチ上に」と言いましょう。
　この一言で，どれくらい上なのか，イメージが具体的になります。

●こうするとカンタンです！
　「あげる」と言いながら上げる。「さげる」と言いながら下げる。
　「あげる，さげる。あげる，さげる……」と声に出しながらしましょう！

Ⅱ　おもに下半身を動かす体操

㊽ 最高の足ぶみ！

腕を前後に大きく振って，元気に声を出して足ぶみする体操です。

効果　　歩く力をつける

Let's try!

① 足を腰幅にひらきます。
② 胸を張ります。
③ 腕を前後に大きく振って，元気に足ぶみしましょう！

スタッフの方におすすめテク！

●こう言ってください！
　スタッフの方は，「腕を振って」より「腕を前後に振って」と言いましょう！
　この一言で，より腕の振りがよくなります。

●こうすると楽しいです！
　「自分の中で最高にいい顔」をしましょう！

㊾ カラダでグーパー

体を小さく閉じたり，大きくひらいたりする体操です。

効果　よい姿勢を保つ力をつける

Let's try!

① 足とひざを閉じて両手をグーにします。（グー）

② 足とひざを肩幅にひらいて，バンザイします。（パー）

③ 「グー」「パー」と声に出してやりましょう！（グーパー×４回）

スタッフの方におすすめテク！

●こう言ってください！

スタッフの方は，「足を閉じて」より「足とひざを閉じて」と言いましょう！

この一言で，動きのイメージがハッキリします。

●こうすると楽しいです！

スタッフの方は，シニアの方といっしょに，元気に声を出してやりましょう！

Ⅱ　おもに下半身を動かす体操

㊿ 一本足

両手はからだの横で，片足を上に持ち上げる体操です。

効果　よい姿勢を保つ力をつける

Let's try!

① 両手はからだの横で，手のひらを下にします。
② 片足をそうっと上に持ち上げます。
③ 8つかぞえて，そうっとおろします。（左右を交互に4回）

スタッフの方におすすめテク！

●こう言ってください！

　スタッフの方は，「持ち上げます」より「そうっと持ち上げます」と言いましょう。
　この一言で，動きがよりていねいになります。

●こうすると笑いが起きます！

　スタッフの方が，見本を見せるときに，わざと，しかも，ちょっと大げさによろけたりすると，笑いが起きます。

51 いったりきたり

ひざと足を閉じて、ひざを閉じたまま左右に動かす体操です。

効果 よい姿勢を保つ力をつける

Let's try!

① ひざと足を閉じて、両手をひざの上に置きます。
② 足は動かさないようにして（足の位置を変えないで）、ひざを横（右）に動かして戻します。
③ 同じようにして、反対（左）もやりましょう！（左右8往復）

スタッフの方におすすめテク！

●**こう言ってください！**

スタッフの方は、「足を閉じて」より「足とひざを閉じて」と言いましょう。

この一言で、ひざの動きを意識するようになります。

●**こうするとカンタンです！**

「みーぎ」と言いながら右へ。「もどる」と言いながら戻す。「ひだり」と言いながら左へ。「もどる」と言いながら戻す。

「みーぎ、もどる。ひだり、もどる…」と、動きを声に出してしましょう！

Ⅱ　おもに下半身を動かす体操

52 坂道歩き

坂道を上るようにして足踏みする体操です。

効果　よい姿勢を保つ力をつける

Let's try!

① 　背筋をピンと伸ばして，胸を張ります。
② 　坂道を上るようなつもりで，足ぶみをします。
③ 　一歩ずつ，ゆっくりと，ていねいに，足を動かしましょう。（8歩×4回）

スタッフの方におすすめテク！

●こう言ってください！
　スタッフの方は，「坂道を上る」と言いましょう。
　この一言で，動作のイメージ力が働きます。

●こうすると楽しいです！
　「自分の中で，最高にいい顔」をしてやりましょう！

53 グリ・グリ・グリ

つまさきをつけたままで，かかとを左右に動かす体操です。

効果 歩く力をつける

Let's try!

① 足を腰幅にひらき，ひざの真下にかかとがくるようにします。
② 片足はそのままで，反対の足のつまさきをつけたままかかとを上に持ち上げて，左右に動かします。（4往復）
③ 「グリ・グリ・グリ……」と声に出してやりましょう！（左右片足ずつ4回）

スタッフの方におすすめテク！

●こう言ってください！
　スタッフの方は，シニアの方といっしょに，「グリ・グリ・グリ」と声に出してやりましょう。
　動きを声に出してすると，イメージがハッキリします。

●こうすると*カンタン*です！
　はじめに，ひざの真下に位置に，かかとがくるようにしましょう！

Ⅱ　おもに下半身を動かす体操

54 足ハクシュ

両足を前に出して、足と足を打つ体操です。

効果　歩く力をつける

Let's try!

① 両足を閉じてかかとを前に出します。
② 足を閉じて、（かかとをつけたまま）つまさきを上に持ち上げます。
③ つまさきをひらいて、閉じます。（8回）

スタッフの方におすすめテク！

●こう言ってください！
　スタッフの方は、「足を前に出します」より「かかとを前に出します」と言いましょう！
　この一言で、かかとの動きを意識するようになります。

●こうするとカンタンです！
　「ひらいて」と言いながらつまさきをひらく。「パチ」と言いながらとじる。
　「ひらいて、パチ。ひらいて、パチ……」と動きを声に出してやりましょう！

55 足グミ

背筋をピンと伸ばして，足組みする体操です。

効果 よい姿勢を保つ力をつける

Let's try!

① 片足をもう一方の足にのせて，足を組みます。
② 両手をひざの上に置いて，背筋をピンと伸ばします。
③ そのままの姿勢で，8つ，元気に声を出してかぞえましょう！

スタッフの方におすすめテク！

●**こう言ってください！**

「いーちー」より，「いち！」と短く言いましょう！
「いち！ にい！ さん！ しい！ ごお！ ろく！ しち！ はち！」と元気に声を出しましょう！

●**こんなのもアリです！！**

そのあとで，上下の足を反対に入れ替えてしてもオッケーです。

こうして健康になった②　よいところ探しをする

ホテルに泊まったとき，ぼくは，よくアンケートを書きます。

ただし，**書くのは，よいこと**です。悪いことは書きません。

なので，**全力で，よいところ探し**をします。

たとえば，フロントの方の印象がよいと感じたら，

「とても気持ちの良い対応でした！」

スタッフの方が，ぼくに気づいてエレベーターのボタンを押してくれたら，
「見ていて（気づいて）くださって，ありがとうございます！」
ただ「よかった」より「どこが，どのようによかったのか？」
できる限り，具体的に書きます。

それと，アンケートを書くと，とてもおもしろいことが起こります。

よいことを書くと，かなりの高確率でサービスがよくなります。
※よくしてほしいために，しているわけではありません（笑）。

そして，これが一番大切なのですが，
「よいところ探し」をすると，気分が落ち着きます。
　いつも「どっかによいとこある」目線でいれば，よいところは必ず見つかります。

これがぼくの健康の秘訣です。

だって，怒ったり，イライラしているときには，絶対にできませんから。

おわりに

楽しむ極意は，ありがとう！

「全力で楽しんで！」

ある大学の授業で，ぼくは学生にこう言いました。

その授業はレクリエーション。

からだを動かしたゲームをするのがメインです。

そして，

「楽しむには具体的にどうしたらよいか？」を考えてもらいました。

終了後，学生が考えたこたえは？

圧倒的多数は，「笑う」でした。

素晴らしいこたえです。

ほかには，

「声を出す」

「恥ずかしがらない」

「仲間はずれをつくらない」

なんてこたえがありました。

最も印象的だったのはこれ。

「ありがとうを言う」

これには,強く共感です!

ありがとうを,言ったり言われたりするのは楽しいのです。

だから,ぼくもみなさんに言います。

この本を読んで下さって,ありがとうございました!

楽しむ極意は,ありがとうです。

　平成最後の年2月

　　　　　　　　　　　ムーヴメントクリエイター　斎藤道雄

著者紹介

●斎藤道雄

体操講師，ムーヴメントクリエイター。
クオリティ・オブ・ライフ・ラボラトリー主宰。
自立から要介護シニアまでを対象とした体操支援のプロ・インストラクター。
体力，気力が低下しがちな要介護シニアにこそ，集団運動のプロ・インストラクターが必要と考え，運動の専門家を，数多くの施設へ派遣。
「お年寄りのふだん見られない笑顔が見られて感動した」など，シニアご本人だけでなく，現場スタッフからも高い評価を得ている。

[お請けしている仕事]
○ 体操教師派遣（介護施設，幼稚園ほか）
○ 講演
○ 研修会
○ 人材育成
○ 執筆

[体操支援・おもな依頼先]
○ 養護老人ホーム長安寮
○ 有料老人ホーム敬老園（八千代台，東船橋，浜野）
○ 淑徳共生苑（特別養護老人ホーム，デイサービス）ほか

[講演・人材育成・おもな依頼先]
○ 世田谷区社会福祉事業団
○ セントケア・ホールディングス（株）
○ （株）オンアンドオン（リハビリ・デイたんぽぽ）ほか

[おもな著書]
○ 『車椅子の人も片麻痺の人もいっしょにできる新しいレクリエーション』
○ 『椅子に腰掛けたままでできるシニアのための脳トレ体操＆ストレッチ体操』
○ 『超シンプルライフで健康生活』
○ 『目の不自由な人も耳の不自由な人もいっしょに楽しめるかんたん体操25』
○ 『要介護シニアにも超かんたん！　ものまねエア体操で健康づくり』
○ 『認知症の人も一緒に楽しめる！　リズム遊び・超かんたん体操・脳トレ遊び』
○ 『介護レベルのシニアでも超楽しくできる声出し！お祭り体操』
○ 『介護スタッフのためのシニアの心と体によい言葉がけ5つの鉄則』
○ 『要介護シニアも大満足！　3分間ちょこっとレク57』
○ 『車いすや寝たきりの人でも楽しめるシニアの1～2分間ミニレク52』
○ 『1,2分でできるシニアの手・足・指体操61』
○ 『1,2分でできる！　シニアにウケる爆笑体操44』
（以上，黎明書房）

[お問い合わせ]
体操教師のブログ：http://qollab.seesaa.net/
メール：qollab.saitoh@gmail.com

＊イラスト・さややん。

椅子に座ってできるシニアの1,2分間筋トレ体操55

2019年5月25日　初版発行	著　者	斎　藤　道　雄
2020年7月10日　5刷発行	発行者	武　馬　久仁裕
	印　刷	藤原印刷株式会社
	製　本	協栄製本工業株式会社

発　行　所　　株式会社　黎　明　書　房

〒460-0002　名古屋市中区丸の内3-6-27 EBSビル　☎052-962-3045
　　　　　　　FAX 052-951-9065　振替・00880-1-59001
〒101-0047　東京連絡所・千代田区内神田1-4-9 松苗ビル4階
　　　　　　　☎03-3268-3470

落丁本・乱丁本はお取替えします。　　ISBN978-4-654-07668-0
© M. Saito 2019, Printed in Japan